भीतर

Within

Marisha Christian

BookLeaf Publishing

भीतर / Within

Presentation by *BookLeaf Publishing*

Web: www.bookleafpub.com

E-mail: info@bookleafpub.com

ISBN: 9789357696395

First edition 2023

DEDICATION

This has to be my favourite part of writing a book, because I get to dedicate the most valuable pieces of my heart and soul to two great people who shaped my life in amazing ways.

I gratefully dedicate this book to My 'Papa' - grandfather (late) and my 'Dadi'- grandmother (late)

Two very true humans, who showed examples on how to live a life full of love, kindness, care, grace and empathy towards all.

ACKNOWLEDGEMENT

To God, who is the giver of all knowledge and wisdom, I give back my all to Him, who blessed me with this talent.

To my dearest Mother, who continues to be my biggest cheerer, my greatest support and, the toughest critique.

I am an extension of her writing legacy and, am so blessed to share this journey of writing my first ever book with her!

PREFACE

The poetries here are about the moments of my life that I have felt deeply connected to, in various ways that have made their way into words, then onto the paper and now are going to journey into your hearts, from mine!

As you journey through each one of them, I assure you, these heartfelt emotions, rather than words, will take you to places, moments and even memories, where I have felt the poetry birthed in me for the first time, and how by the passage of time it has enhanced itself into a beautiful art form.

वो पहली बरसात

वो पहली बरसात,
न जाने कितनो की आस..

जो तन को छुए, तो सिर्फ बुझे प्यास,
और मन को भिगाये, तो प्यार हो जाए ऐसा
एहसास..

अपने आने का संदेस ऐसे बताए, कि निसर्ग भी
देखे उसकी आस,
फिर उसके आने पर मयूर भी नाचे, जैसे रास..

जब पहेली बुँदे बन कर आए, इस तपत धरती की
बुझाने प्यास,
तो ये मिलन देख, किसान भी, रो जाये ऐसी
मिठास..

कागज़ की कश्ती में भी, तैरा जाए उस बालक के
सपनो को, इतनी खास,
और कभी ज़ेवर जैसे बून्द बन, पत्तो से झर जाए
ऐसा उसका आवास..

कभी गरज, कभी झरस, ऐसे आज़ाद होके,
मनभर तू बरस,
फिर भी, क्यों कुछ लोग सिर्फ गीले हो, कभी न
बुझाए अपनी तरस..

वो पहली बरसात की, बात ही है कुछ खास,
वो मन के कोने में समेटी हुई, गुज़री यादो को
जीवित कर जाए, ऐसी उसकी बिसात..

उसके बरसने से ऐसे मन में भीगे, की केह न
पाए, ऐसा आभास,
और जो कभी भीग ना सके, उसे शब्दों से
तरबतर कर जाए, हर बार,
'ऐसी वो पहली बरसात'..

~ मारीशा क्रिश्चिन

Be Your Own Rainbow

When your sunshine goes down, and clouds
begin to appear,
Find your own rainbow..

When the world trembles with fear, and you
find no one to stand near,
Be courageous to make your own rainbow..

When hope seems to wane, and courage
crumbles to pain,
Be valiant enough, to have your own
rainbow..

When reliance on others turns to dust, and
perfidy is the zenith,
Be true to yourself and be your own rainbow..

When enrage comes to blemish, the morality
of your heart,
Be gentle within like the colours of the
rainbow..

When distress of your mind, outshines the
serenity of your soul,
Be persistent to glow, like the rainbow..

When your self is judged, and your
endowment questioned,
Be strong enough to paint your own rainbow..

And when quietness becomes the last crayon of
life,
Be content to colour the rainbow of your
eternity..

~ Marisha Christian

बसंत विहार

कितना इंतज़ार होगा इस शोभा को पाने में,
सोचता है ये मेरा मन..

कैसे तुम जानोगी इस परिवर्तन की सुंदरता को,
ये कहती है मुझे प्रकृति की मनोहर महक..

जीवन का यही रहा है नियम सदैव,
यहाँ कभी कुछ भी नहीं रहता गहन..

सुंदरता की यही रही है शोभा हरदम,
श्रेष्ठ और अनमोल हो कर भी,
आखिर उसमे मिला है, मिटटी का रंग..

अभिमान किस बात का करू,
ये पूछती है मुझसे प्रकृति की रूपम..

सुभग होके कही बिखर जाऊ,
कही खिल जाऊ, और कभी महक जाऊ,

.तेरे जीवन में रहके कोई एक मौसम,
ये कहती है मुझे, बसंत,
बस ये ही तो है,
जीवन के सफल होने की सही पहचान..

आशा से भरपूर होक सतुंष्ट हो चूका मेरा ये मन,
जब जाना कि, आज भी पत्झड़मे महकती है
बसंत..
आज भी पतझड़ में महकती है बसंत..

~ मारीशा क्रिश्चिन

Poetry Everywhere

Poetry is Everywhere,
Of many forms and vibes
here and there.

Words of poetry are everywhere
Birthed from emotions, and from the heart of
man, all pure n bare.

Meaning of poetry is everywhere,
All it takes, is a soul willing to understand,
oh so rare!

Expression of poetry is everywhere,
That even my words, and tears to God,
become a beautiful prayer.

~ Marisha Christian

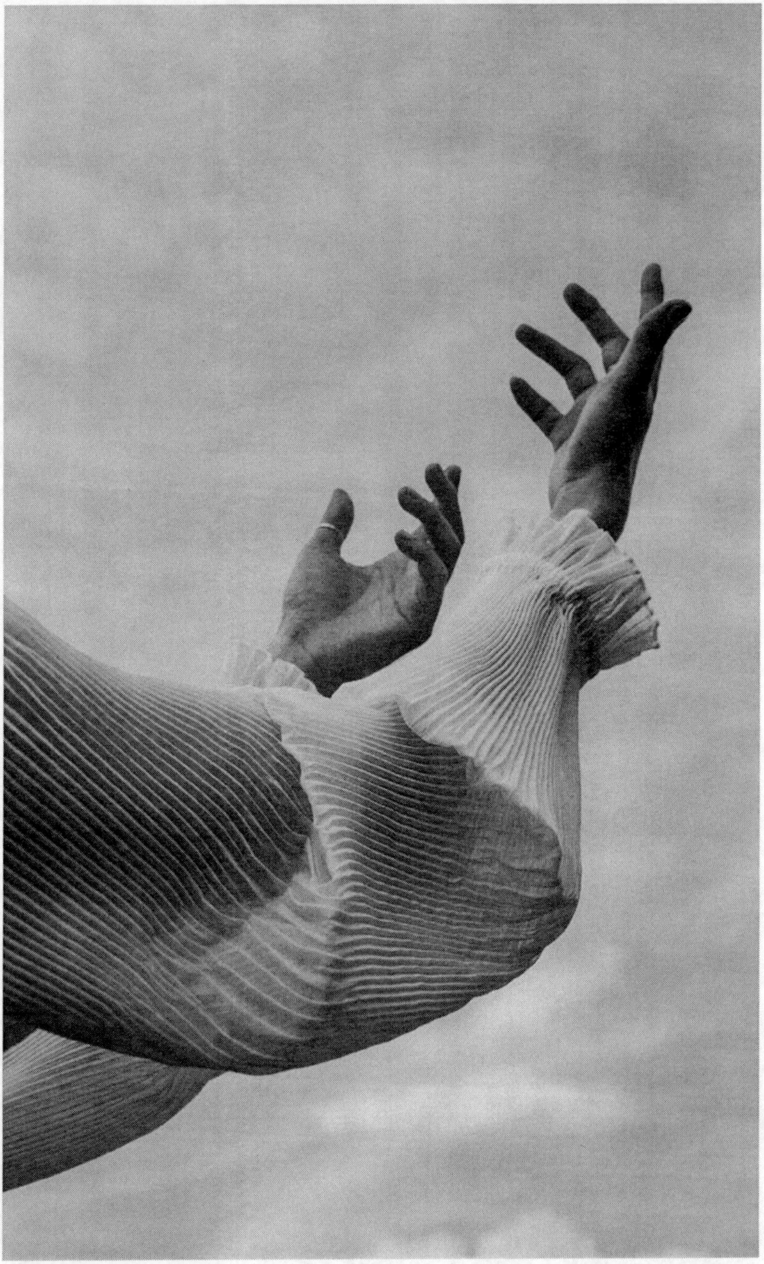

अपने पास

कभी एक शाम तुम,
अपने पास भी बैठो..

शोर और भीड़ से दूर,
अपनी ख़ामोशी को भी सुनो..

यूँ तो मिलते है सब, तुम्हें हर रोज़,
एक दफ़ा तुम खुद से भी मुलाकात करो..

चंद घड़ियों के लिए, कई आएंगे हाथ पकड़ने
तुम्हारा,
ज़िन्दगी के इस सफर में, कभी तुम भी अपना
साथ थामो..

दुनिया तो सारी उम्र कहेगी, बहुत कुछ तुम्हारे
बारे में,

तुम खुद भी कभी सच अपने बारे में, अपने
आपसे जानो..

ज़माने का दस्तूर ही है, सब को बेनाम सा करके,
अपने बहाव में खींचना,
लेकिन, तुम अपनी पृथक पहचान बनाने के लिए,
खुद के साथ चलना सीखो..

शिकायतें दुसरो की तो, बहुत सुनी आज तक
तुमने,
किसी रोज़, अपने मन की भी उदासी को महसूस
करके देखो..

सपने दुसरो के अपने लिए, तो बहुत साकार
किये तुमने,
इस बार अपनी ख्वाइशों को, अपने लिए पूरी
करने की सोचो..

जिंदगी यूँ तो चलती है एक दूसरे के साथ, थामे
हाथो में हाथ,

फिर भी, अपने आप के साथ, रहने के संतोष में
हर रोज़ जीना सीखो..

~ मारीशा क्रिश्चिन

A Nurse Is There!

Before sunrise and after sunset,
To hold your hand, a nurse is there!

Before you learn to hold your newborn,
To carry them in their arms, a nurse is there!

Leaving their loved ones away,
And to care for yours, a nurse is there!

In your pain, struggle and sickness,
To work their skills, and get you better, a
nurse is there!

Asking you how you like your tea or coffee,
To give you comfort, and bring a smile on, a
nurse is there!

When big medic words overwhelm to scare,
To explain it simply, and take away your
scare, a nurse is there!

Not only to look after you, but your loved
ones,
And have their voice heard and shared, a
nurse is there!

In all the abuse, violence and threats, despite
their care,
They pray for your wellness, in still treating
you as a human, a nurse is there!

When your fears for the worst come true,
To journey with you, in your sadness, and
hold you right beside, a nurse is there!

In moments when your eyes go dim, and
body goes cold,
In utmost compassion, to help you pass away
with utmost comfort and care, a nurse is
always there!

~ Marisha Christian

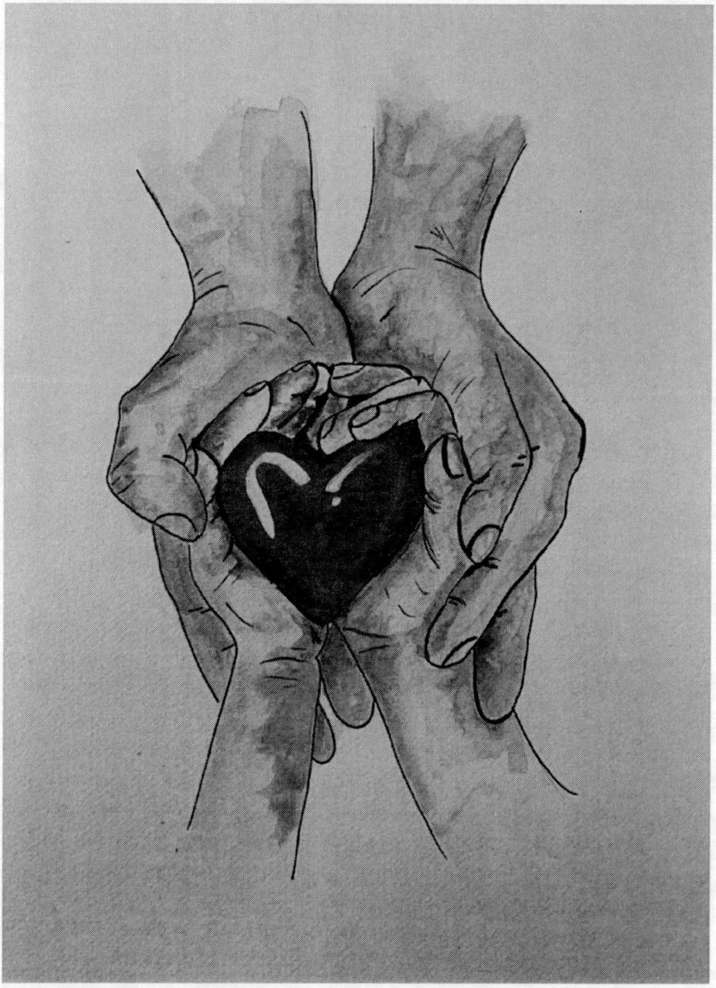

मेरा झरोखा

मेरे घर के एक कोने में वो रहती है,
उस झरोखें में जैसे मेरी दुनिया बस्ती है..

बेजान सा होकर भी, उसका अस्तित्व महकता है,
मेरे जीवित होने का एहसास, जैसे उसके
रोम-रोम में झलकता है..

उस झरोखें की जाली में हाथ पिरो कर, उसे गले
लगाना बहुत अच्छा लगता है,
इस तरह जैसे खुद को, गले लगाने का अवसर,
कभी ही मिलता है..

उसके पास रुझान सी खड़ी रहु, तो सारा
आसमान अपना लगता है,
कुदरत को पाने के ऐहसास में जैसे, मन में
आश्चर्य जी उठता है..

प्रतिवेश, उदय और संध्या के, वो मुझे रोज़ाना
बयां करती है,
तब जैसे, दो पल के लिए, एकांत में जीता मौन
मुझे छूता है..

उसके कोने में खड़ी रहु, वो मुझे सर्द में शीत, और
ग्रीष्म में अमलतास के, सौहार्द का सुकून देती है,
और कभी, मन को जी भर भिगाने का मज़ा, वो
हर बारिश में देती है..

उन्नत सा तेरा साथ, मुझे अविरत लगता है,
और आभासी लगता तेरा अस्तित्व, फिर भी मेरे
मन को तृप्त करता है../

~ मारीशा क्रिश्चिन

Worthwhile Mundane

Ever wondered what good and worthwhile
can you find in a boring mundane?

Start your day being grateful in being alive,
Send good morning texts,
Check up on your friends,
Smile often to make a good day!

Feel happy and privileged in meeting new
people,
If you can, laugh with them,
Or give them a smile of yours!

Work with all your heart,
Or on lazy days, just do what makes you
happy,
Read books, write your diaries, cook, if you
like,

Or, do nothing, relax, pamper yourself!

On a sunlit dusk, make your favourite tea,
Or go to that li'l cafe and enjoy the music,
Take a walk at night,
And remember the good in the day!

If you find a bub around,
Play with them,
Make them smile, and you'll be smiling too,
Hold them tight in your arms, until you can!

Lastly, be thankful that you lived thru the
day,
Be still in the quiet of the night,
And rest yourself to a peaceful sleep.

Maybe it's never about making good in
everyday,
Rather, observing the mundane and making
it worthwhile everyday!

~ Marisha Christian

FOOD
&
DRINK
OPEN
DAILY

चेहरा

अरबों रूप में वो समाए,
ये चेहरा अनोखा हो, हर मन को भाए,

निगाहें जब उसे देख, दो पल ठहर जाए,
तो उस पे सजती मुस्कान, जैसे सिलसिला कोई
शुरू कर जाए..

संवेग मन के, अपने आप बयां कर जाए,
कि भाव मन के साफ़-साफ़, हर बार नज़र आए..

सिर्फ सौंदर्य ही दिखे इस चेहरे में, ऐसी बात हर
कोई कह जाए,
मगर जो पढ़ सके, उसके लिए एक खुली किताब
सा, ये चेहरा बन जाए

ये चेहरा उम्र के साथ, गहरा हो कर बदलता जाए,
ज़हीन सा हो कर, ज़िन्दगी के तजुर्बे की शाख,
अपने पर सवरता जाए

दूर से देखो तो, मुखाकृति, उम्र के हर पड़ाव में
मोह जाए,
नज़दीक जो आओ, तो आँखों के तले झुर्रियां,
कपोल पे वो धब्बे, ये नक्काशी जैसे, समादर
जगा जाए

बालो में सफेदी देख, सुकून मन को हो जाए,
बड़े नाज़ों से सेलाहेँगे इस ताज को,
जो इस मन की प्रज्ञा का, प्रमाण बन जाए

बढ़ती उम्र के साथ, रंग इस चेहरे का भले फीका
हो जाए,
आखरी साँस तक, गेहना बन,
ये ;मुस्कान मन की शोभा बढ़ा जाए

ढलती शाम जैसे, ये तन भी जब बिखरता चला जाए,
तो इस बेहतरीन ज़िन्दगी की कहानी को,
आज भी उन आँखों की चमक, बयां करती जाए

~ मारीशा क्रिश्चिन

Woman Thou Art Loosed!

Womanhood she carried within, the mother of all beings was her way,
In sin, when she died, God's love in salvation was sacrificed as a ray.

Deserted and destined to die, she was, with her only son,
For her, El Roi- the LORD who sees me, HE becomes, HIS inheritance she won.

To be looked down upon by others was her fate every -day,
A crimson rope she laid, to be saved on the LORD'S day was her prayer.

The king's eye caught her beauty, only to have disdain for her sake,
To the king breathing his last, she advised, his eyes she wakes.

Suffering from the shed for long, she felt, 'tis only me,
His hem she touched along, a miracle- oh how, she's free.

Caught her in adultery, with stones they wished her life to take,
When all left, HE said to her, even I do not condemn you, O what a re-make.

Doomed in sin, to the well she went, unaware that HE has come,
HE offered her living water, with it, a Samaritan bought her freedom.

Wildly bound by many evils was she, at HIS command they all flee,
Bestowed to her was the highest honor, HIS resurrected self, she's the first to see.

~ Marisha Christian

बुढ़ापे का साथ

एक साथ जीने की कसम जो खाई थी,
लिए हाथों में हाथ,
आखरी साँस तक उसे पूरी तरह निभा सके,
बस ऐसा हो बुढ़ापे का साथ।

भले जिऐ सारी उम्र, दो लोग अपनी अलग
शख़्सियत के साथ,
जब भी देखो उन्हें, एक जान ही नज़र आए,
बस ऐसा हो बुढ़ापे का साथ।

क्यों न हो दोनों की अपनी-अपनी पसंद,
भले रहे एक साथ,
बात जब आए किसी एक को चुनने की,
तो दोनों घुले ऐसे, जैसे चाशनी में मिठास,
बस ऐसा हो बुढ़ापे का साथ।

पेशा भले हो दोनों का अलग, ज़िन्दगी को चलाने
में एक साथ,
मगर दोनों सपने एक साथ देखे उन्हें करने
साकार, बस ऐसा हो बुढ़ापे का साथ।

नर नारी हो कर, भले दिखे समाज में अपने
अपने स्थान के साथ,
पर जब पाले नन्ही सी ज़िन्दगी को, तो दिखे
समान, बस ऐसा हो बुढ़ापे का साथ।

ज़रिये कई होंगे, अपनी दिशा तक पहुँचने के,
खुद के जूनून के साथ,
लेकिन जब दोनों एक तरफ देख, एक लक्ष में
जीते रहे, बस ऐसा हो बुढ़ापे का साथ।

ख़ूबसूरती जब मेरी और तुम्हारी ढलने लगे, उम्र
के बढ़ाव से साथ,
तब एक दूजे के सहारे हर रोज़ जीना न भूले,
बस ऐसा हो बुढ़ापे का साथ।

हरकतों पे मेरी कभी तुम जो चीड़ जाओ,
एक अरसे से ज़्यादा, रह के मेरे साथ,
उन दिनों में भी, तुम्हे मनाने का मज़ा उठा पाऊ,
बस ऐसा हो बुढ़ापे का साथ।

बालों की सफेदी पे तुम्हारी, में तब भी वारी जाऊं,
हर पिघलते लम्हे के साथ,
और तुम मेरी बिना दांत की हसी देख,
फिर से मोह जाओ, बस ऐसा हो बुढ़ापे का साथ।

सहारा देने जब न हो लाठी,
न हो अपने बच्चों का साथ,
तब तुम्हरी कटि में कांपते हाथ डाल,
चल सकूँ, बस ऐसा हो बुढ़ापे का साथ।

गेहनो की कहाँ रही अब ख्वाइश, ज़ूरीओ से बदन
पे सजने के साथ,
किसी रोज़ तुम मोगरे का गजरा मेरे बालो में
सजाना, बस ऐसा हो बुढ़ापे का साथ।

जवानी के जोश में तो बहुत एक दूसरे से कहाँ,
'तुमसे प्यार है,'
बैठ के तुम्हारे साथ,
अब जब बैठें है झूले पे, कंधो पे सर डाल ऐक
साथ, तब इस प्यार का मतलब जाना,
बस ऐसा हो बुढ़ापे का साथ।

मौत भी अगर आए हमें करने जुदा,
तो कोई गम नहीं,
मिला है तुम्हारा सदीओं का साथ,
अब दुआ है खुदा, जब करे जुदा, तो रहे हाथों में
हाथ, बस ऐसा हो बुढ़ापे का साथ।

बिछड़ने का खेद ही नहीं, भले अब न हो, हम
साथ,
यकीं है, पलके झुकाते ही मिलेंगे जन्नत में
निरंतर के लिए , बस ऐसा हो बुढ़ापे का साथ।

~ मारीशा क्रिश्चिन

DEBAUVE
& GALLAIS

Home

Home is, where every morning's light
And, your favourite coffee never fail to
delight.

Home is, where to show you care,
your beloved comes to say g'day at the
door's stair.

Home is, where when the clock ticks to
end the day,
your family awaits to see you come home
from the way.

Home is, where the kids' laughter fills the
air
And, the loving warmth of your parents
will never become rare.

Home is, where when the drought in life
does not seem to end,

Yet the love of one another says, we will
surely transcend.

Home is, where after a long day's work
race, to see your weary face,
Everyone gets lightened up when they see
you with a loving gaze.

Home is, where its meaning is not hidden
anymore in four walls or grand space,
But is found in each other's warmth and
unconditioned loving grace.

~ Marisha Christian

क्षितिज

बहुत दूर जाके अपना बसेरा करता हूँ,
इतना की, फैसला नाप सको, ऐसी पहचान
रखता हूँ..

सांज से सजी रंगोली, खुद पर समेटता हूँ,
पल भर ताकने, निर्माण की सुंदरता, कितनो का
सारथी बनता हूँ ..

अपने अस्तित्व को, इस मनुष्य की प्रेरणा में
पिरोता हूँ,
निराकार हो कर भी, हे मनुष्य,! तेरे अंतर की
आकांशा बनता हूँ../

ढलती साँझ के एकांत में , तेरे मन का विचार
बनता हूँ,
इंसान होने का अस्तित्व कितना महान है, वो
एहसास बनता हूँ..

जो इस पार के किनारे बह जाऊं,
तो तेरे चरण को छूके, अंतिम मंज़िल पाती, सिर्फ
एक; लहर हूँ..

जो उस पार के बहाव में बह जाऊं,
तो इस धरती और आकाश को एक करता, सिर्क
क्षितिज हूँ ..

~ मारीशा क्रिश्चिन

She Chose!

She chose to be unique rather be different,
She chose to fly rather run,
She chose to be the rain, rather be the shine,
She chose to listen, rather speak,
She chose to observe, rather just see,
She chose to wander, rather than get lost,
She chose to love, bravely, rather than
regret,
She chose the broken, rather than the whole,
She chose to honestly trust, rather than
doubt,
She chose to truly forgive, rather than be a
bad memory,
She chose to wipe of tears, rather than just
give a smile,
She chose to be alone, rather than follow a
crowd,
She chose to leave a trail rather than follow
countless footsetps,
She chose to feel the grass, rather than pluck
the flower,
She chose to sit in the silence of dusk, rather
than being in a full room,

She chose to understand the heart, rather
than just feel the skin,
She chose the crown of wild flowers, rather
than the shine of jewels,
She chose to be inspired by the fading
beauty of spring, rather than be sad,
She chose to live the breath of life, rather
than just exist in it,

She became all that she wanted to, just
because 'She Chose!'

~ Marisha Christian

किताब

वो झांकती है आज भी, दराज़ में चुपचाप खड़ी हो,
ताकती है उन कदमों की आहट को, जो उस और
आते ही नही।

वो अकेली ही नहीं, जो खालीपन महसूस करती हो,
जानती है, कि हम भी उसे याद करते है, मगर अब
जताते नही।

वो गुज़रे ज़माने के साथ, अब उसकी आदत भी कम
हो चली,
मालूम है हमें, मगर क्या करे, अब उसमें डूबने की
फूर्सत ही नही।

वो अब है धूल और जाले में लिपटी, बेजान जैसे कोई
हो, कली,
कहती है, 'एक बार फिर से खोलो मुझे तुम,' पर अब
ऐसी तलाश ही नही।

वो सिसकी लेती है कई बार, अपनी जीर्ण मौजूदगी
को देख कभी,
इतराती है खूब मगर, जब उसके पन्नो में, हमने
अपने जज़्बात छुपाए हो कहीं।

वो जानती है, हर राज़ हमारे मन के आज भी,
महकती है, हर बार, जब उन फटे, पुराने, धुले पन्नो
से, उस गुलाब की पंखुड़ी गिरती है कहीं।

वो कहती है, एक बार अपनी उंगलिया, फिर से इन
पन्नों में मिलाओ कभी,
तरसती है, कि कब हमें हमारे आँसू के मोती दिखाए,
जिसके दाग उसने आज भी संभाले है वहीं।

वो बेबाक है, उसके पन्नों में लिखे शब्दों को कहने में
आज भी,
तज़ुर्बा देती है, ज़िन्दगी को जीने का, हर बार उसे में
पढ़ूं, या नही?

वो नायब है, अपनी ज़िन्दगी जीने में, बड़े अर्सों से
कई,
मिलवाती है, अनजान शख्सों से, जिन्हे पढ़के, हमने
उन्हें हमसफ़र बनाए है कहीं।

वो द्वार है, हमारे और उसके पन्नो के किरदार के
बीच आज भी,
आज़ादी देती है, हमें ता उम्र, वो किरदार बनने का,
जिसे हमने आज तक अपने अंदर से उठाए ही नहीं।

वो; किताब है, अपने शब्दों से हर बार दिल को छूना,
उसका मिज़ाज है आज भी,
प्रेरणा देती है, हमें, बयां करना वो 'कहानी' हर बार,
'जो आज तक भीतर से बहार आई ही नहीं'।

~ मारीशा क्रिश्चिन

A Candle

I know the darkness I hold
within,
That's why I dazzle the way I
do,
Because I know,
wherever I go..

The darkness in front of me,
Will never be able,
to fade away my scintillate..

I am put into darkness,

Because only through,

Living -in and entwining with,

My own darkness..

I am able to lucent up,

And evansce the darkness

surrounding me,

That's why I am a candle..

- Marisha Christian

आईना

अपनी झलक उसमे खूब देखीं हमने कई बार,
सिर्फ एक आईना तो है, जो साफ़ दिखाता, हमें
अपना वजूद हर बार..

छोड़ा जब हमें अपने और परायों ने सख्त समय
में हर बार,
तब एक वो आईना तो था, जिसने हमसे अपना
रुख ना मोड़ा एक भी बार..

हँसे तो बहुत लोग हमारे बाढ़ के समय
बार-बार,
लेकिन एक आईना तो है, जो मेरे साथ अकेले में
मुस्कुराये और रोये हर बार..

ज़िन्दगी में यू तो मित्र, हर कोई बनना चाहे
हमारे साथ कई बार,

पर एक आईना ही तो है, जो हमसफ़र बन जाए,
ज़िन्दगी को करने पार..

यू तो अपना कंधा दे कोई हमें, अपना सर ढालने
कितनी बार,
मगर एक; आईना ही तो है, जो मेरी हर
बिन-बोली शेखी सुने बार-बार..

जहाँ ज़्यादातर लोग निगाहें ना मिलाए,
जब बातें करे हमसे कई बार,
वहीं एक आईना ही तो है, जो देखे सीधे हमारी
आँखों में आँखे डाल हर बार..

ये सच है की वो नहीं कोई शख्स, जो कहे हमसे
सच देखे उसे हम जितनी बार,
पर वो एक आईना ही तो है, जो महसूस कराए,
कि ये रूह ही हमारा आइना है, ज़िन्दगी के आर
पार..

~ मारीशा क्रिश्चिन

Melodies of Music

O how sweet is the sound of music, resonating everywhere,
Found even in the depths of nature, all pure and bare.

O how beautiful is the creation of music, none can compare,
It revives even a perished thing, making it flair.

O how mysterious is the way of music, flowing like lite air,
Pervading from hearts to hearts, connecting them in a love affair.

O how serene is the tune of music, showering peace in despair,
Moving like magic from notes to symphony, giving hope, how fair.

O how soulful is the art of music, making our hearts content like a prayer,
Even that every heartbeat rings music, if you listen, you'll find comfort in there.

~ Marisha Christian

आँखे

तुम्हारी आँखें वो सब कह गई,
जो तुम होठों से बयां कर ना सके..

जज़्बातों को, अपनी गहराईओं से दिखा गई,
जिसे तुम हृदय में समेट, कभी सजा ना सके..

मोती जैसे अश्क, और सागर से सपने खुद में
छिपा गई,
जिसे तुम कभी अपना कह, सवाँर ना सके..

कभी जोश की ज्वाला, और कभी निर्जन सी
व्यथा, दोनों समां गई,
जिसे तुम चाह कर भी, अपने आप बुझा ना सके..

पहली बार देखा तो, तुम्हारी मुस्कान की झलक,
खुद में दिखा गयी,
ग़ौर से देखो तो, तुम्हारे सच की ख़ामोशी जैसे
ढांक गई,
जिसे तुम साहस दे, कभी ज़ुबाँ तक ला ना सके..
वो है इतनी प्रबल, कि पूरा आसमां अपने अंदर
समां गयी,

और कभी किसी की ओर जो भ्रष्ट हुई, तो ऐसे
गिरी अपनी नज़रों से,
जिसे तुम कभी अपनी आँखों में फिर से इज़्ज़त
दे ना सके..

कितनो के लिए ये; आँखें सिर्फ एक सुन्दर रूप
बन गयी,
मगर कुछ खास के लिए, एक ज़रिया बन गयी,
जिसे तुम खोलो, तो तुम्हारी रूह तक पहुँच सके..

~ मारीशा क्रिश्चिन

The Indian EXPRESS

Not In Vain

Because I am breathing today,
I know my life is not in vain..

Because I have believed the path before me,
... and have trusted the path before me,
I know my life is not in vain..

Because I have learned to smile in tears,
... and have found courage, compassion
and peace from within, to go on,
I know my life is not in vain..

Because I've been broken, mended and made whole,
... and have been happy and laughed,
I know my life is not in vain...

Because I have been a complete stranger,
a friend, a companion,
... and a soulmate, in needed times of life,
accompanying with silent presence,
I know my life is not in vain..

Because I have found it worthy,
journeying with others,
... and making someone smile, offering a hand of help,
I know my life is not in vain..

Because I have known the joy of giving
..and the gratefulness of receiving,
I know my life is not in vain..

Because I have dreamed about making something better,
... and achieving it,
I know my life is not in vain..

Because I have come to value humans,
love and life itself,
I know my life is not in vain..

Because I am blessed to be a human,
... and live for the purpose of my creation,
I know my life is not in vain..

~ Marisha Christian

स्त्री

रुख खुदा का ले, घड़ी वो मिट्टी में है,
सहायक है मगर सारे जहाँ की,
वो स्त्री ऐसी है।

कार्य निभाती है कई, नन्ही बेटी से माँ तक बनती है,
थकती है वो कईं बार, मगर हारती नहीं एक बार,
वो स्त्री ऐसी है।

बने जोगन या अभिसारिका, हर चेतना से समर्पित
रहती है,
ऐसी सरल है, मगर जान कहाँ पाई इसे ये दुनिया,
वो स्त्री ऐसी है?

काया कोमल, और मन चंचल, वैसी वो मूरत सी लगती
है,
उसकी तो रूह भी परिमल, सिर्फ उसे दिखे जो है निर्मल,
वो स्त्री ऐसी है ।

अपनों की आन पे आंच ना लाए, वो हर अपमान चुप्पी में सेहती है,
मगर जब बात हो, आत्मसम्मान की, योद्धा बन हर वार निर्मूल करती,
वो स्त्री ऐसी है ।

हर उस नायब कला को अपना बना कर, अपने भीतर समेटती है,
शख़्सियत अपनी सिर्फ जवानी से नहीं, कईं और हुनरों से भी सवांरती,
वो स्त्री ऐसी है।

फ़रियाद हर किसी की सुन, अपनी गुज़ारिश हर बार दफन करती है,
अक्सर अपनी ख्वाईशों की ज़िन्दगी, सिर्फ सपने में बुनती, वो स्त्री ऐसी है।

ख्याल सब की तबियत का रख, हर बार अपनी कमज़ोरी नज़र-अंदाज़ करती है,

सोचती है, अपनी ज़िम्मेरदारिओं से रुख मोड़, कैसे खुद की देखती,
वो स्त्री ऐसी है।

रिवाज़ और रस्मों के लिए अपना हर कुछ, रोज़ाना कुर्बान करती है,
कभी एक बार, अपने आज़ाद मन से जी सके, वो ख्वाइश ज़रूर करती,
वो स्त्री ऐसी है।

हक़ उसके जब उजड़े, तो वो सवेरे का इंतज़ार करती है,
भले सब छीन जाए उससे, अपनी रूह को अस्पृष्ट, और पाक रख, दुआ करती,
वो स्त्री ऐसी है।

बदले की भावना उसके सामने जैसे छोटी सी लगती है,
चाहे तो, वो अपनी शक्ति से सब कुछ राख कर जाए,वो स्त्री ऐसी है।

बेसहारा किसी को देख, आश्रय का हाथ बढ़ाती है,
बगैर कोई लालच के, अपना सारी परवाह उस पर करती,
वो स्त्री ऐसी है ।

गहराई हर इंसान की वो नाप लेती है,
मगर उस के ह्रदय के प्रेम को कभी कोई ना नाप सके,
वो स्त्री ऐसी है।

हर उस पुरुष के लिए वो एक बिन-समझी पहेली है,
सिर्फ वो ही जानती है, कि उसे जान सके,
ऐसी एक स्त्री सिर्फ उसके भीतर बस्ती है,
जिसके विस्तार तक,
उसके सिवा कोई पहुँच न सके,
वो स्त्री ऐसी है।

~ मारीशा क्रिश्चिन